Este cuaderno de lectura pertenece a

TÍTULO DEL LIBRO	TIPO	EVALUACIÓN	PÁGINA
		☆☆☆☆☆	1
		☆☆☆☆☆	2
		☆☆☆☆☆	3
		☆☆☆☆☆	4
		☆☆☆☆☆	5
		☆☆☆☆☆	6
		☆☆☆☆☆	7
		☆☆☆☆☆	8
		☆☆☆☆☆	9
		☆☆☆☆☆	10
		☆☆☆☆☆	11
		☆☆☆☆☆	12
		☆☆☆☆☆	13
		☆☆☆☆☆	14
		☆☆☆☆☆	15
		☆☆☆☆☆	16
		☆☆☆☆☆	17
		☆☆☆☆☆	18
		☆☆☆☆☆	19
		☆☆☆☆☆	20
		☆☆☆☆☆	21
		☆☆☆☆☆	22
		☆☆☆☆☆	23
		☆☆☆☆☆	24
		☆☆☆☆☆	25

TÍTULO DEL LIBRO	TIPO	EVALUACIÓN	PÁGINA
		☆☆☆☆☆	26
		☆☆☆☆☆	27
		☆☆☆☆☆	28
		☆☆☆☆☆	29
		☆☆☆☆☆	30
		☆☆☆☆☆	31
		☆☆☆☆☆	32
		☆☆☆☆☆	33
		☆☆☆☆☆	34
		☆☆☆☆☆	35
		☆☆☆☆☆	36
		☆☆☆☆☆	37
		☆☆☆☆☆	38
		☆☆☆☆☆	39
		☆☆☆☆☆	40
		☆☆☆☆☆	41
		☆☆☆☆☆	42
		☆☆☆☆☆	43
		☆☆☆☆☆	44
		☆☆☆☆☆	45
		☆☆☆☆☆	46
		☆☆☆☆☆	47
		☆☆☆☆☆	48
		☆☆☆☆☆	49
		☆☆☆☆☆	50

TÍTULO DEL LIBRO	TIPO	EVALUACIÓN	PÁGINA
		☆☆☆☆☆	51
		☆☆☆☆☆	52
		☆☆☆☆☆	53
		☆☆☆☆☆	54
		☆☆☆☆☆	55
		☆☆☆☆☆	56
		☆☆☆☆☆	57
		☆☆☆☆☆	58
		☆☆☆☆☆	59
		☆☆☆☆☆	60
		☆☆☆☆☆	61
		☆☆☆☆☆	62
		☆☆☆☆☆	63
		☆☆☆☆☆	64
		☆☆☆☆☆	65
		☆☆☆☆☆	66
		☆☆☆☆☆	67
		☆☆☆☆☆	68
		☆☆☆☆☆	69
		☆☆☆☆☆	70
		☆☆☆☆☆	71
		☆☆☆☆☆	72
		☆☆☆☆☆	73
		☆☆☆☆☆	74
		☆☆☆☆☆	75

TÍTULO DEL LIBRO	TIPO	EVALUACIÓN	PÁGINA
		☆☆☆☆☆	76
		☆☆☆☆☆	77
		☆☆☆☆☆	78
		☆☆☆☆☆	79
		☆☆☆☆☆	80
		☆☆☆☆☆	81
		☆☆☆☆☆	82
		☆☆☆☆☆	83
		☆☆☆☆☆	84
		☆☆☆☆☆	85
		☆☆☆☆☆	86
		☆☆☆☆☆	87
		☆☆☆☆☆	88
		☆☆☆☆☆	89
		☆☆☆☆☆	90
		☆☆☆☆☆	91
		☆☆☆☆☆	92
		☆☆☆☆☆	93
		☆☆☆☆☆	94
		☆☆☆☆☆	95
		☆☆☆☆☆	96
		☆☆☆☆☆	97
		☆☆☆☆☆	98
		☆☆☆☆☆	99
		☆☆☆☆☆	100

○ Bolsillo   ○ Tapa dura   ○ eBook   ○ AudioLibro

Título: _____

Autor: _____

○ Ficción   ○ No Ficción

Tipo.............................   Tema.................................

Lo que me gustaba de este libro...

....

....

....

....

Me sorprendió mucho cuando...

....

....

....

....

Mi personaje favorite era...

....

....

Me gusta porque...

....

....

....

Fue divertido/triste/feliz cuando él/ella...

....

....

....

....

☆ ☆ ☆ ☆ ☆

Colorea las estrellas
para evaluar este libro

Fecha de inicio:

Fecha de finalización:

¿Cómo conseguí este libro?
○ Comprado
○ Prestado por

○ Regalo de

¿Este libro fue fácil de leer?
   ○ Si   ○ No

Este libro en 3 palabras:

....

....

....

¿Me inspiró a (leer / aprender / visitar)?

....

....

....

¿A quién se lo recomendaré?

....

....

○ Bolsillo   ○ Tapa dura   ○ eBook   ○ AudioLibro

Título: _____

Autor: _____

○ Ficción   ○ No Ficción

Tipo........................   Tema................................

Lo que me gustaba de este libro...

_____
_____
_____
_____

Me sorprendió mucho cuando...

_____
_____
_____
_____

Mi personaje favorite era...

_____
_____

Me gusta porque...

_____
_____
_____

Fue divertido/triste/feliz cuando él/ella...

_____
_____
_____

☆ ☆ ☆ ☆ ☆ **2**

Colorea las estrellas
para evaluar este libro

Fecha de inicio:

Fecha de finalización:

¿Cómo conseguí este libro?
○ Comprado
○ Prestado por

○ Regalo de

¿Este libro fue fácil de leer?
   ○ Si   ○ No

Este libro en 3 palabras:

¿Me inspiró a (leer / aprender / visitar)?

¿A quién se lo recomendaré?

○ Bolsillo   ○ Tapa dura   ○ eBook   ○ AudioLibro

Título: _____

Autor: _____

○ Ficción   ○ No Ficción

Tipo ....   Tema ....

Lo que me gustaba de este libro...

_____
_____
_____
_____

Me sorprendió mucho cuando...

_____
_____
_____
_____
_____

Mi personaje favorite era...

_____
_____

Me gusta porque...

_____
_____
_____

Fue divertido/triste/feliz cuando él/ella...

_____
_____
_____

☆ ☆ ☆ ☆ ☆ **3**
Colorea las estrellas
para evaluar este libro

Fecha de inicio:

Fecha de finalización:

¿Cómo conseguí este libro?
○ Comprado
○ Prestado por

○ Regalo de

¿Este libro fue fácil de leer?
   ○ Si   ○ No

Este libro en 3 palabras:

¿Me inspiró a (leer / aprender / visitar)?

¿A quién se lo recomendaré?

○ Bolsillo   ○ Tapa dura   ○ eBook   ○ AudioLibro

Título: _____

Autor: _____

○ Ficción   ○ No Ficción

Tipo ....   Tema ....

Lo que me gustaba de este libro...

_____
_____
_____
_____

Me sorprendió mucho cuando...

_____
_____
_____
_____

Mi personaje favorite era...

_____

Me gusta porque...

_____
_____

Fue divertido/triste/feliz cuando él/ella...

_____
_____

☆ ☆ ☆ ☆ ☆   4
Colorea las estrellas
para evaluar este libro

Fecha de inicio:

Fecha de finalización:

¿Cómo conseguí este libro?
○ Comprado
○ Prestado por
_____

○ Regalo de
_____

¿Este libro fue fácil de leer?
   ○ Si   ○ No

Este libro en 3 palabras:
_____
_____

¿Me inspiró a (leer / aprender / visitar)?
_____
_____
_____

¿A quién se lo recomendaré?
_____
_____

○ Bolsillo   ○ Tapa dura   ○ eBook   ○ AudioLibro

Título: _____

Autor: _____

○ Ficción   ○ No Ficción

Tipo......................................   Tema...

Lo que me gustaba de este libro...

....

....

....

....

Me sorprendió mucho cuando...

....

....

....

....

Mi personaje favorite era...

....

....

Me gusta porque...

....

....

....

Fue divertido/triste/feliz cuando él/ella...

....

....

....

☆ ☆ ☆ ☆ ☆ 5

Colorea las estrellas
para evaluar este libro

Fecha de inicio:

Fecha de finalización:

¿Cómo conseguí este libro?
○ Comprado
○ Prestado por

○ Regalo de
....

¿Este libro fue fácil de leer?
   ○ Si   ○ No

Este libro en 3 palabras:

....

....

¿Me inspiró a (leer / aprender / visitar)?

....

....

¿A quién se lo recomendaré?

....

....

○ Bolsillo   ○ Tapa dura   ○ eBook   ○ AudioLibro

Título: _____

Autor: _____

○ Ficción   ○ No Ficción

Tipo ....   Tema ....

Lo que me gustaba de este libro...

_____
_____
_____
_____
_____

Me sorprendió mucho cuando...

_____
_____
_____
_____
_____

Mi personaje favorite era...

_____
_____

Me gusta porque...

_____
_____
_____

Fue divertido/triste/feliz cuando él/ella...

_____
_____
_____
_____

☆☆☆☆☆ **6**

Colorea las estrellas
para evaluar este libro

Fecha de inicio:

Fecha de finalización:

¿Cómo conseguí este libro?
○ Comprado
○ Prestado por
_____

○ Regalo de
_____

¿Este libro fue fácil de leer?
○ Si   ○ No

Este libro en 3 palabras:
_____
_____
_____

¿Me inspiró a (leer / aprender / visitar)?
_____
_____
_____

¿A quién se lo recomendaré?
_____
_____

○ Bolsillo   ○ Tapa dura   ○ eBook   ○ AudioLibro

Título: _____

Autor: _____

○ Ficción   ○ No Ficción

Tipo.............................   Tema...................................

Lo que me gustaba de este libro...

_____
_____
_____
_____

Me sorprendió mucho cuando...

_____
_____
_____
_____

Mi personaje favorite era...

_____
_____

Me gusta porque...

_____
_____
_____

Fue divertido/triste/feliz cuando él/ella...

_____
_____
_____

☆☆☆☆☆ 7

Colorea las estrellas
para evaluar este libro

Fecha de inicio:

Fecha de finalización:

¿Cómo conseguí este libro?
○ Comprado
○ Prestado por
_____

○ Regalo de
_____

¿Este libro fue fácil de leer?
   ○ Si   ○ No

Este libro en 3 palabras:
_____
_____
_____

¿Me inspiró a (leer / aprender / visitar)?
_____
_____
_____

¿A quién se lo recomendaré?
_____
_____

○ Bolsillo   ○ Tapa dura   ○ eBook   ○ AudioLibro

Título: _____

Autor: _____

○ Ficción   ○ No Ficción

Tipo ....   Tema ....

Lo que me gustaba de este libro...

_____
_____
_____
_____
_____

Me sorprendió mucho cuando...

_____
_____
_____
_____

Mi personaje favorite era...

_____
_____

Me gusta porque...

_____
_____
_____

Fue divertido/triste/feliz cuando él/ella...

_____
_____
_____

☆☆☆☆☆ 8
Colorea las estrellas
para evaluar este libro

Fecha de inicio:

Fecha de finalización:

¿Cómo conseguí este libro?
○ Comprado
○ Prestado por
_____

○ Regalo de
_____

¿Este libro fue fácil de leer?
    ○ Si   ○ No

Este libro en 3 palabras:
_____
_____
_____

¿Me inspiró a (leer / aprender / visitar)?
_____
_____
_____

¿A quién se lo recomendaré?
_____
_____

○ Bolsillo   ○ Tapa dura   ○ eBook   ○ AudioLibro

Título: _____

Autor: _____

○ Ficción   ○ No Ficción

Tipo............................ Tema..

Lo que me gustaba de este libro...

....
....
....
....

Me sorprendió mucho cuando...

....
....
....
....

Mi personaje favorite era...

....
....

Me gusta porque...

....
....
....

Fue divertido/triste/feliz cuando él/ella...

....
....
....

☆☆☆☆☆ 9

Colorea las estrellas
para evaluar este libro

Fecha de inicio:

Fecha de finalización:

¿Cómo conseguí este libro?
○ Comprado
○ Prestado por
....
○ Regalo de
....

¿Este libro fue fácil de leer?
   ○ Si   ○ No

Este libro en 3 palabras:
....
....
....

¿Me inspiró a (leer / aprender / visitar)?
....
....
....

¿A quién se lo recomendaré?
....

○ Bolsillo　　○ Tapa dura　　○ eBook　　○ AudioLibro

Título: _____

Autor: _____

○ Ficción　　　　　　　○ No Ficción

Tipo …………………………　　Tema …………………………………

Lo que me gustaba de este libro…

_____
_____
_____
_____
_____

Me sorprendió mucho cuando…

_____
_____
_____
_____

Mi personaje favorite era…

_____
_____

Me gusta porque…

_____
_____
_____

Fue divertido/triste/feliz cuando él/ella…

_____
_____
_____

☆☆☆☆☆ 10
Colorea las estrellas
para evaluar este libro

Fecha de inicio:

Fecha de finalización:

¿Cómo conseguí este libro?
○ Comprado
○ Prestado por
_____

○ Regalo de
_____

¿Este libro fue fácil de leer?
　○ Si　　○ No

Este libro en 3 palabras:

_____
_____
_____

¿Me inspiró a (leer / aprender / visitar)?

_____
_____
_____

¿A quién se lo recomendaré?

_____
_____

○ Bolsillo   ○ Tapa dura   ○ eBook   ○ AudioLibro

Título: _____

Autor: _____

○ Ficción   ○ No Ficción

Tipo.............................   Tema...................................

Lo que me gustaba de este libro...

_____
_____
_____
_____

Me sorprendió mucho cuando...

_____
_____
_____
_____

Mi personaje favorite era...

_____
_____

Me gusta porque...

_____
_____
_____

Fue divertido/triste/feliz cuando él/ella...

_____
_____
_____

☆ ☆ ☆ ☆ ☆ 11

Colorea las estrellas
para evaluar este libro

Fecha de inicio:

Fecha de finalización:

¿Cómo conseguí este libro?
○ Comprado
○ Prestado por

○ Regalo de

¿Este libro fue fácil de leer?
   ○ Si   ○ No

Este libro en 3 palabras:

¿Me inspiró a (leer / aprender / visitar)?

¿A quién se lo recomendaré?

○ Bolsillo   ○ Tapa dura   ○ eBook   ○ AudioLibro

Título: _____

Autor: _____

○ Ficción   ○ No Ficción

Tipo ....   Tema ....

Lo que me gustaba de este libro...

_____
_____
_____
_____
_____

Me sorprendió mucho cuando...

_____
_____
_____
_____
_____

Mi personaje favorite era...

_____
_____

Me gusta porque...

_____
_____
_____

Fue divertido/triste/feliz cuando él/ella...

_____
_____

☆☆☆☆☆ 12

Colorea las estrellas
para evaluar este libro

Fecha de inicio:

Fecha de finalización:

¿Cómo conseguí este libro?
○ Comprado
○ Prestado por
_____

○ Regalo de
_____

¿Este libro fue fácil de leer?
   ○ Si   ○ No

Este libro en 3 palabras:

_____
_____
_____

¿Me inspiró a (leer / aprender / visitar)?

_____
_____
_____

¿A quién se lo recomendaré?

_____
_____

○ Bolsillo   ○ Tapa dura   ○ eBook   ○ AudioLibro

Título: _____

Autor: _____

○ Ficción   ○ No Ficción

Tipo...........................   Tema...................................

Lo que me gustaba de este libro...

....
....
....
....

Me sorprendió mucho cuando...

....
....
....
....

Mi personaje favorite era...

....
....

Me gusta porque...

....
....
....

Fue divertido/triste/feliz cuando él/ella...

....
....
....

☆ ☆ ☆ ☆ ☆   **13**

Colorea las estrellas
para evaluar este libro

Fecha de inicio:

Fecha de finalización:

¿Cómo conseguí este libro?
○ Comprado

○ Prestado por

○ Regalo de

¿Este libro fue fácil de leer?
   ○ Si   ○ No

Este libro en 3 palabras:

¿Me inspiró a (leer / aprender / visitar)?

¿A quién se lo recomendaré?

○ Bolsillo   ○ Tapa dura   ○ eBook   ○ AudioLibro

Título: _____

Autor: _____

○ Ficción   ○ No Ficción

Tipo......................   Tema...............................

Lo que me gustaba de este libro...

_____

_____

_____

_____

Me sorprendió mucho cuando...

_____

_____

_____

_____

Mi personaje favorite era...

_____

Me gusta porque...

_____

_____

Fue divertido/triste/feliz cuando él/ella...

_____

_____

☆ ☆ ☆ ☆ ☆ 14
Colorea las estrellas
para evaluar este libro

Fecha de inicio:

Fecha de finalización:

¿Cómo conseguí este libro?
○ Comprado
○ Prestado por
....

○ Regalo de
....

¿Este libro fue fácil de leer?
   ○ Si   ○ No

Este libro en 3 palabras:
....
....
....

¿Me inspiró a (leer / aprender / visitar)?
....
....
....

¿A quién se lo recomendaré?
....
....

○ Bolsillo   ○ Tapa dura   ○ eBook   ○ AudioLibro

Título: _____

Autor: _____

○ Ficción   ○ No Ficción

Tipo......................   Tema...............................

Lo que me gustaba de este libro...

_____
_____
_____
_____

Me sorprendió mucho cuando...

_____
_____
_____
_____
_____

Mi personaje favorite era...

_____
_____

Me gusta porque...

_____
_____
_____

Fue divertido/triste/feliz cuando él/ella...

_____
_____
_____
_____

☆ ☆ ☆ ☆ ☆ **15**
Colorea las estrellas
para evaluar este libro

Fecha de inicio:

Fecha de finalización:

¿Cómo conseguí este libro?
○ Comprado
○ Prestado por
_____

○ Regalo de
_____

¿Este libro fue fácil de leer?
   ○ Si   ○ No

Este libro en 3 palabras:
_____
_____
_____

¿Me inspiró a (leer / aprender / visitar)?
_____
_____
_____

¿A quién se lo recomendaré?
_____
_____

○ Bolsillo   ○ Tapa dura   ○ eBook   ○ AudioLibro

Título: _____

Autor: _____

○ Ficción   ○ No Ficción

Tipo ....   Tema ....

Lo que me gustaba de este libro...

_____
_____
_____
_____
_____

Me sorprendió mucho cuando...

_____
_____
_____
_____
_____

Mi personaje favorite era...

_____
_____

Me gusta porque...

_____
_____
_____

Fue divertido/triste/feliz cuando él/ella...

_____
_____
_____

☆ ☆ ☆ ☆ ☆ 16
Colorea las estrellas
para evaluar este libro

Fecha de inicio:

Fecha de finalización:

¿Cómo conseguí este libro?
○ Comprado
○ Prestado por
_____

○ Regalo de
_____

¿Este libro fue fácil de leer?
○ Si   ○ No

Este libro en 3 palabras:
_____
_____
_____

¿Me inspiró a (leer / aprender / visitar)?
_____
_____
_____

¿A quién se lo recomendaré?
_____
_____

○ Bolsillo   ○ Tapa dura   ○ eBook   ○ AudioLibro

Título: _____

Autor: _____

○ Ficción   ○ No Ficción

Tipo……………………………   Tema……………………………………………

Lo que me gustaba de este libro...

....

....

....

....

Me sorprendió mucho cuando...

....

....

....

....

....

Mi personaje favorite era...

....

....

Me gusta porque...

....

....

....

Fue divertido/triste/feliz cuando él/ella...

....

....

....

....

☆ ☆ ☆ ☆ ☆ **17**

Colorea las estrellas
para evaluar este libro

Fecha de inicio:

Fecha de finalización:

¿Cómo conseguí este libro?
○ Comprado

○ Prestado por

....

○ Regalo de

....

¿Este libro fue fácil de leer?
   ○ Si   ○ No

Este libro en 3 palabras:

....

....

....

¿Me inspiró a (leer / aprender / visitar)?

....

....

....

¿A quién se lo recomendaré?

....

....

○ Bolsillo   ○ Tapa dura   ○ eBook   ○ AudioLibro

Título: _____

Autor: _____

○ Ficción   ○ No Ficción

Tipo............................   Tema...

Lo que me gustaba de este libro...

_____

_____

_____

_____

_____

Me sorprendió mucho cuando...

_____

_____

_____

_____

_____

Mi personaje favorite era...

_____

_____

Me gusta porque...

_____

_____

_____

Fue divertido/triste/feliz cuando él/ella...

_____

_____

_____

☆ ☆ ☆ ☆ ☆ 18
Colorea las estrellas
para evaluar este libro

Fecha de inicio:

Fecha de finalización:

¿Cómo conseguí este libro?
○ Comprado
○ Prestado por
_____

○ Regalo de
_____

¿Este libro fue fácil de leer?
    ○ Si   ○ No

Este libro en 3 palabras:

_____

_____

_____

¿Me inspiró a (leer / aprender / visitar)?

_____

_____

_____

¿A quién se lo recomendaré?

_____

_____

○ Bolsillo   ○ Tapa dura   ○ eBook   ○ AudioLibro

Título: _____

Autor: _____

○ Ficción   ○ No Ficción

Tipo..........................   Tema...................................

Lo que me gustaba de este libro...

....

....

....

....

Me sorprendió mucho cuando...

....

....

....

....

Mi personaje favorite era...

....

Me gusta porque...

....

....

....

Fue divertido/triste/feliz cuando él/ella...

....

....

....

☆ ☆ ☆ ☆ ☆ **19**

Colorea las estrellas
para evaluar este libro

Fecha de inicio:

Fecha de finalización:

¿Cómo conseguí este libro?
○ Comprado
○ Prestado por

○ Regalo de
....

¿Este libro fue fácil de leer?
   ○ Si   ○ No

Este libro en 3 palabras:

....

....

....

¿Me inspiró a (leer / aprender / visitar)?

....

....

¿A quién se lo recomendaré?

....

....

○ Bolsillo   ○ Tapa dura   ○ eBook   ○ AudioLibro

Título: _____

Autor: _____

○ Ficción   ○ No Ficción

Tipo.............................   Tema.............................

Lo que me gustaba de este libro...

_____

_____

_____

_____

_____

_____

Me sorprendió mucho cuando...

_____

_____

_____

_____

_____

_____

Mi personaje favorite era...

_____

_____

Me gusta porque...

_____

_____

_____

Fue divertido/triste/feliz cuando él/ella...

_____

_____

_____

☆ ☆☆☆☆ **20**

Colorea las estrellas
para evaluar este libro

Fecha de inicio:

Fecha de finalización:

¿Cómo conseguí este libro?
○ Comprado
○ Prestado por
_____

○ Regalo de
_____

¿Este libro fue fácil de leer?
   ○ Si   ○ No

Este libro en 3 palabras:

_____

_____

¿Me inspiró a (leer / aprender / visitar)?

_____

_____

_____

¿A quién se lo recomendaré?

_____

_____

○ Bolsillo   ○ Tapa dura   ○ eBook   ○ AudioLibro

Título: _____

Autor: _____

○ Ficción   ○ No Ficción

Tipo.............................   Tema...

Lo que me gustaba de este libro...

....

....

....

....

Me sorprendió mucho cuando...

....

....

....

....

Mi personaje favorite era...

....

....

Me gusta porque...

....

....

....

Fue divertido/triste/feliz cuando él/ella...

....

....

....

....

☆ ☆ ☆ ☆ ☆ **21**

Colorea las estrellas
para evaluar este libro

Fecha de inicio:

Fecha de finalización:

¿Cómo conseguí este libro?
○ Comprado
○ Prestado por
....

○ Regalo de
....

¿Este libro fue fácil de leer?
   ○ Si   ○ No

Este libro en 3 palabras:
....

....

....

¿Me inspiró a (leer / aprender / visitar)?

....

....

....

¿A quién se lo recomendaré?

....

○ Bolsillo   ○ Tapa dura   ○ eBook   ○ AudioLibro

Título: _____

Autor: _____

○ Ficción   ○ No Ficción

Tipo ....   Tema ....

Lo que me gustaba de este libro...

_____
_____
_____
_____
_____

Me sorprendió mucho cuando...

_____
_____
_____
_____
_____

Mi personaje favorite era...

_____
_____

Me gusta porque...

_____
_____
_____

Fue divertido/triste/feliz cuando él/ella...

_____
_____
_____

☆ ☆ ☆ ☆ ☆ **22**

Colorea las estrellas
para evaluar este libro

Fecha de inicio:

Fecha de finalización:

¿Cómo conseguí este libro?
○ Comprado
○ Prestado por
....

○ Regalo de
....

¿Este libro fue fácil de leer?
   ○ Si   ○ No

Este libro en 3 palabras:
....
....
....

¿Me inspiró a (leer / aprender / visitar)?
....
....
....

¿A quién se lo recomendaré?
....
....

○ Bolsillo   ○ Tapa dura   ○ eBook   ○ AudioLibro

Título: _____

Autor: _____

○ Ficción   ○ No Ficción

Tipo....................................   Tema..

Lo que me gustaba de este libro...

....

....

....

....

Me sorprendió mucho cuando...

....

....

....

....

Mi personaje favorite era...

....

....

Me gusta porque...

....

....

....

Fue divertido/triste/feliz cuando él/ella...

....

....

....

☆☆☆☆☆ 23

Colorea las estrellas
para evaluar este libro

Fecha de inicio:

Fecha de finalización:

¿Cómo conseguí este libro?
○ Comprado
○ Prestado por

○ Regalo de

_____

¿Este libro fue fácil de leer?
   ○ Si   ○ No

Este libro en 3 palabras:

_____

_____

¿Me inspiró a (leer / aprender / visitar)?

_____

_____

¿A quién se lo recomendaré?

_____

○ Bolsillo   ○ Tapa dura   ○ eBook   ○ AudioLibro

Título: _____

Autor: _____

○ Ficción   ○ No Ficción

Tipo …………………………   Tema …………………………………

Lo que me gustaba de este libro...

_____

_____

_____

_____

_____

Me sorprendió mucho cuando...

_____

_____

_____

_____

Mi personaje favorite era...

_____

_____

Me gusta porque...

_____

_____

_____

Fue divertido/triste/feliz cuando él/ella...

_____

_____

_____

☆☆☆☆☆ **24**

Colorea las estrellas
para evaluar este libro

Fecha de inicio:

Fecha de finalización:

¿Cómo conseguí este libro?
○ Comprado
○ Prestado por
_____

○ Regalo de
_____

¿Este libro fue fácil de leer?
   ○ Si   ○ No

Este libro en 3 palabras:

_____

_____

¿Me inspiró a (leer / aprender / visitar)?

_____

_____

_____

¿A quién se lo recomendaré?

_____

_____

○ Bolsillo   ○ Tapa dura   ○ eBook   ○ AudioLibro

Título: _____

Autor: _____

○ Ficción   ○ No Ficción

Tipo............................   Tema..

Lo que me gustaba de este libro...

....

....

....

....

Me sorprendió mucho cuando...

....

....

....

....

Mi personaje favorite era...

....

....

Me gusta porque...

....

....

....

Fue divertido/triste/feliz cuando él/ella...

....

....

....

☆☆☆☆☆ 25

Colorea las estrellas
para evaluar este libro

Fecha de inicio:

Fecha de finalización:

¿Cómo conseguí este libro?

○ Comprado

○ Prestado por
_____

○ Regalo de
_____

¿Este libro fue fácil de leer?

○ Si   ○ No

Este libro en 3 palabras:

_____

_____

¿Me inspiró a (leer / aprender / visitar)?

_____

_____

¿A quién se lo recomendaré?

_____

○ Bolsillo   ○ Tapa dura   ○ eBook   ○ AudioLibro

Título: _____

Autor: _____

○ Ficción   ○ No Ficción

Tipo ....   Tema ....

Lo que me gustaba de este libro...

_____
_____
_____
_____
_____

Me sorprendió mucho cuando...

_____
_____
_____
_____
_____

Mi personaje favorite era...

_____

Me gusta porque...

_____
_____
_____

Fue divertido/triste/feliz cuando él/ella...

_____
_____
_____

☆ ☆ ☆ ☆ ☆   26
Colorea las estrellas
para evaluar este libro

Fecha de inicio:

Fecha de finalización:

¿Cómo conseguí este libro?
○ Comprado
○ Prestado por
_____

○ Regalo de
_____

¿Este libro fue fácil de leer?
     ○ Si   ○ No

Este libro en 3 palabras:
_____
_____

¿Me inspiró a (leer / aprender / visitar)?
_____
_____
_____

¿A quién se lo recomendaré?
_____
_____

○ Bolsillo   ○ Tapa dura   ○ eBook   ○ AudioLibro

Título: _____

Autor: _____

○ Ficción   ○ No Ficción

Tipo..............................   Tema......................................

Lo que me gustaba de este libro...

....

....

....

....

Me sorprendió mucho cuando...

....

....

....

....

Mi personaje favorite era...

....

....

Me gusta porque...

....

....

....

Fue divertido/triste/feliz cuando él/ella...

....

....

....

....

☆☆☆☆☆ **27**

Colorea las estrellas
para evaluar este libro

Fecha de inicio:

Fecha de finalización:

¿Cómo conseguí este libro?
○ Comprado
○ Prestado por

○ Regalo de

¿Este libro fue fácil de leer?
   ○ Si   ○ No

Este libro en 3 palabras:

¿Me inspiró a (leer / aprender / visitar)?

¿A quién se lo recomendaré?

○ Bolsillo   ○ Tapa dura   ○ eBook   ○ AudioLibro

Título: _____

Autor: _____

○ Ficción   ○ No Ficción

Tipo...............................   Tema......................................

Lo que me gustaba de este libro...

_____
_____
_____
_____

Me sorprendió mucho cuando...

_____
_____
_____
_____

Mi personaje favorite era...

_____

Me gusta porque...

_____
_____
_____

Fue divertido/triste/feliz cuando él/ella...

_____
_____

☆☆☆☆☆ **28**
Colorea las estrellas
para evaluar este libro

Fecha de inicio:

Fecha de finalización:

¿Cómo conseguí este libro?
○ Comprado
○ Prestado por
_____

○ Regalo de
_____

¿Este libro fue fácil de leer?
   ○ Si   ○ No

Este libro en 3 palabras:
_____
_____

¿Me inspiró a (leer / aprender / visitar)?
_____
_____

¿A quién se lo recomendaré?
_____
_____

○ Bolsillo   ○ Tapa dura   ○ eBook   ○ AudioLibro

Título: _____

Autor: _____

○ Ficción   ○ No Ficción

Tipo.............................   Tema.......................................

Lo que me gustaba de este libro...

....
....
....
....

Me sorprendió mucho cuando...

....
....
....
....

Mi personaje favorite era...

....

Me gusta porque...

....
....

Fue divertido/triste/feliz cuando él/ella...

....
....

☆☆☆☆☆ **29**

Colorea las estrellas
para evaluar este libro

Fecha de inicio:

Fecha de finalización:

¿Cómo conseguí este libro?
○ Comprado
○ Prestado por

....

○ Regalo de

....

¿Este libro fue fácil de leer?
   ○ Si   ○ No

Este libro en 3 palabras:

....
....
....

¿Me inspiró a (leer / aprender / visitar)?

....
....
....

¿A quién se lo recomendaré?

....
....

○ Bolsillo   ○ Tapa dura   ○ eBook   ○ AudioLibro

Título: _____

Autor: _____

○ Ficción   ○ No Ficción

Tipo…………………………   Tema……………………………………

Lo que me gustaba de este libro...

_____

_____

_____

_____

_____

Me sorprendió mucho cuando...

_____

_____

_____

_____

_____

Mi personaje favorite era...

_____

Me gusta porque...

_____

_____

_____

Fue divertido/triste/feliz cuando él/ella...

_____

_____

☆☆☆☆☆ **30**
Colorea las estrellas
para evaluar este libro

Fecha de inicio:

Fecha de finalización:

¿Cómo conseguí este libro?
○ Comprado
○ Prestado por
_____

○ Regalo de
_____

¿Este libro fue fácil de leer?
   ○ Si   ○ No

Este libro en 3 palabras:

_____

_____

¿Me inspiró a (leer / aprender / visitar)?

_____

_____

_____

¿A quién se lo recomendaré?

_____

_____

○ Bolsillo   ○ Tapa dura   ○ eBook   ○ AudioLibro

Título: _____

Autor: _____

○ Ficción   ○ No Ficción

Tipo ....   Tema ....

Lo que me gustaba de este libro...

....

....

....

....

Me sorprendió mucho cuando...

....

....

....

....

Mi personaje favorite era...

....

....

Me gusta porque...

....

....

....

Fue divertido/triste/feliz cuando él/ella...

....

....

....

....

☆ ☆ ☆ ☆ ☆ **31**

Colorea las estrellas
para evaluar este libro

Fecha de inicio:

Fecha de finalización:

¿Cómo conseguí este libro?
○ Comprado
○ Prestado por

○ Regalo de
....

¿Este libro fue fácil de leer?
   ○ Si   ○ No

Este libro en 3 palabras:
....

....

¿Me inspiró a (leer / aprender / visitar)?
....

....

¿A quién se lo recomendaré?
....

....

○ Bolsillo   ○ Tapa dura   ○ eBook   ○ AudioLibro

Título: _____

Autor: _____

○ Ficción   ○ No Ficción

Tipo..   Tema..

Lo que me gustaba de este libro...

_____
_____
_____
_____
_____

Me sorprendió mucho cuando...

_____
_____
_____
_____
_____

Mi personaje favorite era...

_____
_____

Me gusta porque...

_____
_____
_____

Fue divertido/triste/feliz cuando él/ella...

_____
_____
_____

☆☆☆☆☆ **32**
Colorea las estrellas
para evaluar este libro

Fecha de inicio:

Fecha de finalización:

¿Cómo conseguí este libro?
○ Comprado
○ Prestado por
....

○ Regalo de
....

¿Este libro fue fácil de leer?
   ○ Si   ○ No

Este libro en 3 palabras:
....
....
....

¿Me inspiró a (leer / aprender / visitar)?
....
....
....

¿A quién se lo recomendaré?
....
....
....

○ Bolsillo   ○ Tapa dura   ○ eBook   ○ AudioLibro

Título: _____

Autor: _____

○ Ficción   ○ No Ficción

Tipo.............................   Tema...

Lo que me gustaba de este libro...

....

....

....

....

Me sorprendió mucho cuando...

....

....

....

....

Mi personaje favorite era...

....

....

Me gusta porque...

....

....

....

Fue divertido/triste/feliz cuando él/ella...

....

....

....

☆ ☆ ☆ ☆ ☆ **33**
Colorea las estrellas
para evaluar este libro

Fecha de inicio:

Fecha de finalización:

¿Cómo conseguí este libro?
○ Comprado
○ Prestado por

○ Regalo de

¿Este libro fue fácil de leer?
   ○ Si   ○ No

Este libro en 3 palabras:

¿Me inspiró a (leer / aprender / visitar)?

¿A quién se lo recomendaré?

○ Bolsillo   ○ Tapa dura   ○ eBook   ○ AudioLibro

Título: _____

Autor: _____

○ Ficción   ○ No Ficción

Tipo............................   Tema............................

Lo que me gustaba de este libro...

_____
_____
_____
_____

Me sorprendió mucho cuando...

_____
_____
_____
_____

Mi personaje favorite era...

_____

Me gusta porque...

_____
_____

Fue divertido/triste/feliz cuando él/ella...

_____
_____

☆☆☆☆☆ **34**
Colorea las estrellas
para evaluar este libro

Fecha de inicio:

Fecha de finalización:

¿Cómo conseguí este libro?
○ Comprado
○ Prestado por

_____

○ Regalo de

_____

¿Este libro fue fácil de leer?
  ○ Si   ○ No

Este libro en 3 palabras:

_____
_____

¿Me inspiró a (leer / aprender / visitar)?

_____
_____
_____

¿A quién se lo recomendaré?

_____
_____

○ Bolsillo   ○ Tapa dura   ○ eBook   ○ AudioLibro

Título: _____

Autor: _____

○ Ficción   ○ No Ficción

Tipo ....   Tema ....

Lo que me gustaba de este libro...

....
....
....
....

Me sorprendió mucho cuando...

....
....
....
....

Mi personaje favorite era...

....
....

Me gusta porque...

....
....
....

Fue divertido/triste/feliz cuando él/ella...

....
....
....

☆☆☆☆☆ **35**

Colorea las estrellas
para evaluar este libro

Fecha de inicio:

Fecha de finalización:

¿Cómo conseguí este libro?
○ Comprado
○ Prestado por
....

○ Regalo de
....

¿Este libro fue fácil de leer?
  ○ Si   ○ No

Este libro en 3 palabras:
....
....
....

¿Me inspiró a (leer / aprender / visitar)?
....
....
....

¿A quién se lo recomendaré?
....
....

○ Bolsillo   ○ Tapa dura   ○ eBook   ○ AudioLibro

Título: _____

Autor: _____

○ Ficción   ○ No Ficción

Tipo ....   Tema...

Lo que me gustaba de este libro...

_____
_____
_____
_____
_____

Me sorprendió mucho cuando...

_____
_____
_____
_____
_____

Mi personaje favorite era...

_____
_____

Me gusta porque...

_____
_____
_____

Fue divertido/triste/feliz cuando él/ella...

_____
_____
_____
_____

☆ ☆ ☆ ☆ ☆   **36**

Colorea las estrellas
para evaluar este libro

Fecha de inicio:

Fecha de finalización:

¿Cómo conseguí este libro?
○ Comprado
○ Prestado por

_____

○ Regalo de

_____

¿Este libro fue fácil de leer?
    ○ Si   ○ No

Este libro en 3 palabras:

_____
_____
_____

¿Me inspiró a (leer / aprender / visitar)?

_____
_____
_____

¿A quién se lo recomendaré?

_____
_____

○ Bolsillo   ○ Tapa dura   ○ eBook   ○ AudioLibro

Título: _____

Autor: _____

○ Ficción   ○ No Ficción

Tipo...............................   Tema...

Lo que me gustaba de este libro...

....
....
....
....

Me sorprendió mucho cuando...

....
....
....
....

Mi personaje favorite era...

....
....

Me gusta porque...

....
....
....

Fue divertido/triste/feliz cuando él/ella...

....
....
....
....

☆ ☆ ☆ ☆ ☆ **37**

Colorea las estrellas
para evaluar este libro

Fecha de inicio:

Fecha de finalización:

¿Cómo conseguí este libro?
○ Comprado
○ Prestado por

○ Regalo de
....

¿Este libro fue fácil de leer?
   ○ Si   ○ No

Este libro en 3 palabras:
....
....
....

¿Me inspiró a (leer / aprender / visitar)?
....
....
....

¿A quién se lo recomendaré?
....
....

○ Bolsillo   ○ Tapa dura   ○ eBook   ○ AudioLibro

Título: _____

Autor: _____

○ Ficción   ○ No Ficción

Tipo ....   Tema ....

Lo que me gustaba de este libro...

_____
_____
_____
_____

Me sorprendió mucho cuando...

_____
_____
_____
_____

Mi personaje favorite era...

_____
_____

Me gusta porque...

_____
_____
_____

Fue divertido/triste/feliz cuando él/ella...

_____
_____
_____

☆☆☆☆☆ **38**

Colorea las estrellas
para evaluar este libro

Fecha de inicio:

Fecha de finalización:

¿Cómo conseguí este libro?
○ Comprado
○ Prestado por
_____

○ Regalo de
_____

¿Este libro fue fácil de leer?
   ○ Si   ○ No

Este libro en 3 palabras:
_____
_____
_____

¿Me inspiró a (leer / aprender / visitar)?
_____
_____
_____

¿A quién se lo recomendaré?
_____
_____

○ Bolsillo   ○ Tapa dura   ○ eBook   ○ AudioLibro

Título: _____

Autor: _____

○ Ficción   ○ No Ficción

Tipo......................   Tema................................

Lo que me gustaba de este libro...

_____
_____
_____
_____

Me sorprendió mucho cuando...

_____
_____
_____
_____
_____

Mi personaje favorite era...

_____
_____

Me gusta porque...

_____
_____
_____
_____

Fue divertido/triste/feliz cuando él/ella...

_____
_____
_____
_____

☆ ☆ ☆ ☆ ☆ 39
Colorea las estrellas
para evaluar este libro

Fecha de inicio:

Fecha de finalización:

¿Cómo conseguí este libro?
○ Comprado
○ Prestado por

○ Regalo de

¿Este libro fue fácil de leer?
   ○ Si   ○ No

Este libro en 3 palabras:

_____

_____

_____

¿Me inspiró a (leer / aprender / visitar)?

_____

_____

_____

¿A quién se lo recomendaré?

_____

○ Bolsillo   ○ Tapa dura   ○ eBook   ○ AudioLibro

Título: _____

Autor: _____

○ Ficción   ○ No Ficción

Tipo.............................   Tema...................................

Lo que me gustaba de este libro...

_____

_____

_____

_____

Me sorprendió mucho cuando...

_____

_____

_____

_____

Mi personaje favorite era...

_____

Me gusta porque...

_____

_____

_____

Fue divertido/triste/feliz cuando él/ella...

_____

_____

_____

☆ ☆☆☆☆☆

Colorea las estrellas
para evaluar este libro

40

Fecha de inicio:

Fecha de finalización:

¿Cómo conseguí este libro?
○ Comprado
○ Prestado por

_____

○ Regalo de

_____

¿Este libro fue fácil de leer?
   ○ Si   ○ No

Este libro en 3 palabras:

_____

_____

¿Me inspiró a (leer / aprender / visitar)?

_____

_____

_____

¿A quién se lo recomendaré?

_____

_____

○ Bolsillo   ○ Tapa dura   ○ eBook   ○ AudioLibro

Título: _____

Autor: _____

○ Ficción   ○ No Ficción

Tipo........................   Tema..............................

Lo que me gustaba de este libro...

....
....
....
....

Me sorprendió mucho cuando...

....
....
....
....

Mi personaje favorite era...

....
....

Me gusta porque...

....
....
....

Fue divertido/triste/feliz cuando él/ella...

....
....
....

☆ ☆ ☆ ☆ ☆ **41**
Colorea las estrellas
para evaluar este libro

Fecha de inicio:

Fecha de finalización:

¿Cómo conseguí este libro?
○ Comprado
○ Prestado por
....

○ Regalo de
....

¿Este libro fue fácil de leer?
  ○ Si   ○ No

Este libro en 3 palabras:
....
....
....

¿Me inspiró a (leer / aprender / visitar)?
....
....
....

¿A quién se lo recomendaré?
....
....

○ Bolsillo   ○ Tapa dura   ○ eBook   ○ AudioLibro

Título: _____

Autor: _____

○ Ficción   ○ No Ficción

Tipo…………………………….   Tema…………………………………….

Lo que me gustaba de este libro...

_____
_____
_____
_____

Me sorprendió mucho cuando...

_____
_____
_____
_____

Mi personaje favorite era...

_____

Me gusta porque...

_____
_____

Fue divertido/triste/feliz cuando él/ella...

_____
_____
_____

☆ ☆☆☆☆☆ **42**

Colorea las estrellas
para evaluar este libro

Fecha de inicio:

Fecha de finalización:

¿Cómo conseguí este libro?
○ Comprado
○ Prestado por
_____

○ Regalo de
_____

¿Este libro fue fácil de leer?
    ○ Si   ○ No

Este libro en 3 palabras:
_____
_____
_____

¿Me inspiró a (leer / aprender / visitar)?
_____
_____
_____

¿A quién se lo recomendaré?
_____
_____

○ Bolsillo   ○ Tapa dura   ○ eBook   ○ AudioLibro

Título: _____

Autor: _____

○ Ficción   ○ No Ficción

Tipo........................   Tema............................

Lo que me gustaba de este libro...

....
....
....
....

Me sorprendió mucho cuando...

....
....
....
....

Mi personaje favorite era...

....
....

Me gusta porque...

....
....
....

Fue divertido/triste/feliz cuando él/ella...

....
....
....

☆☆☆☆☆ 43

Colorea las estrellas
para evaluar este libro

Fecha de inicio:

Fecha de finalización:

¿Cómo conseguí este libro?
○ Comprado
○ Prestado por

....

○ Regalo de

....

¿Este libro fue fácil de leer?
   ○ Si   ○ No

Este libro en 3 palabras:

....
....
....

¿Me inspiró a (leer / aprender / visitar)?

....
....
....

¿A quién se lo recomendaré?

....
....

○ Bolsillo   ○ Tapa dura   ○ eBook   ○ AudioLibro

Título: _____

Autor: _____

○ Ficción   ○ No Ficción

Tipo...........................   Tema................................

Lo que me gustaba de este libro...

_____
_____
_____
_____
_____
_____

Me sorprendió mucho cuando...

_____
_____
_____
_____
_____

Mi personaje favorite era...

_____
_____

Me gusta porque...

_____
_____
_____

Fue divertido/triste/feliz cuando él/ella...

_____
_____
_____

☆☆☆☆☆ **44**
Colorea las estrellas
para evaluar este libro

Fecha de inicio:

Fecha de finalización:

¿Cómo conseguí este libro?
○ Comprado
○ Prestado por
_____

○ Regalo de
_____

¿Este libro fue fácil de leer?
    ○ Si   ○ No

Este libro en 3 palabras:
_____
_____

¿Me inspiró a (leer / aprender / visitar)?
_____
_____
_____

¿A quién se lo recomendaré?
_____
_____

○ Bolsillo   ○ Tapa dura   ○ eBook   ○ AudioLibro

Título: _____

Autor: _____

○ Ficción   ○ No Ficción

Tipo.............................   Tema..

Lo que me gustaba de este libro...

....
....
....
....

Me sorprendió mucho cuando...

....
....
....
....

Mi personaje favorite era...

....

Me gusta porque...

....
....
....

Fue divertido/triste/feliz cuando él/ella...

....
....
....

☆☆☆☆☆ 45

Colorea las estrellas
para evaluar este libro

Fecha de inicio:

Fecha de finalización:

¿Cómo conseguí este libro?
○ Comprado
○ Prestado por

_____

○ Regalo de

_____

¿Este libro fue fácil de leer?
   ○ Si   ○ No

Este libro en 3 palabras:

_____

_____

¿Me inspiró a (leer / aprender / visitar)?

_____

_____

_____

¿A quién se lo recomendaré?

_____

_____

○ Bolsillo   ○ Tapa dura   ○ eBook   ○ AudioLibro

Título: _____

Autor: _____

○ Ficción   ○ No Ficción

Tipo.............................   Tema.......................................

Lo que me gustaba de este libro...

_____
_____
_____
_____
_____

Me sorprendió mucho cuando...

_____
_____
_____
_____
_____

Mi personaje favorite era...

_____

Me gusta porque...

_____
_____
_____
_____

Fue divertido/triste/feliz cuando él/ella...

_____
_____
_____
_____

☆☆☆☆☆ **46**
Colorea las estrellas
para evaluar este libro

Fecha de inicio:

Fecha de finalización:

¿Cómo conseguí este libro?
○ Comprado
○ Prestado por
_____

○ Regalo de
_____

¿Este libro fue fácil de leer?
○ Si   ○ No

Este libro en 3 palabras:
_____
_____
_____

¿Me inspiró a (leer / aprender / visitar)?
_____
_____
_____

¿A quién se lo recomendaré?
_____
_____

○ Bolsillo   ○ Tapa dura   ○ eBook   ○ AudioLibro

Título: _____

Autor: _____

○ Ficción   ○ No Ficción

Tipo............................   Tema...

Lo que me gustaba de este libro...

....
....
....
....

Me sorprendió mucho cuando...

....
....
....
....

Mi personaje favorite era...

....
....

Me gusta porque...

....
....
....

Fue divertido/triste/feliz cuando él/ella...

....
....
....

☆☆☆☆☆ 47

Colorea las estrellas
para evaluar este libro

Fecha de inicio:

Fecha de finalización:

¿Cómo conseguí este libro?
○ Comprado
○ Prestado por
....

○ Regalo de
....

¿Este libro fue fácil de leer?
   ○ Si   ○ No

Este libro en 3 palabras:
....
....

¿Me inspiró a (leer / aprender / visitar)?
....
....

¿A quién se lo recomendaré?
....

○ Bolsillo   ○ Tapa dura   ○ eBook   ○ AudioLibro

Título: _____

Autor: _____

○ Ficción   ○ No Ficción

Tipo....................................   Tema...

Lo que me gustaba de este libro...

_____
_____
_____
_____
_____
_____

Me sorprendió mucho cuando...

_____
_____
_____
_____
_____
_____

Mi personaje favorite era...

_____
_____

Me gusta porque...

_____
_____
_____
_____

Fue divertido/triste/feliz cuando él/ella...

_____
_____
_____

☆☆☆☆☆ **48**
Colorea las estrellas
para evaluar este libro

Fecha de inicio:

Fecha de finalización:

¿Cómo conseguí este libro?
○ Comprado
○ Prestado por
_____

○ Regalo de
_____

¿Este libro fue fácil de leer?
   ○ Si   ○ No

Este libro en 3 palabras:
_____
_____
_____

¿Me inspiró a (leer / aprender / visitar)?
_____
_____
_____

¿A quién se lo recomendaré?
_____
_____

○ Bolsillo ○ Tapa dura ○ eBook ○ AudioLibro

Título: _____

Autor: _____

○ Ficción ○ No Ficción

Tipo........................... Tema...........................

Lo que me gustaba de este libro...

....
....
....
....

Me sorprendió mucho cuando...

....
....
....
....

Mi personaje favorite era...

....
....

Me gusta porque...

....
....
....

Fue divertido/triste/feliz cuando él/ella...

....
....
....

☆☆☆☆☆ **49**

Colorea las estrellas
para evaluar este libro

Fecha de inicio:

Fecha de finalización:

¿Cómo conseguí este libro?

○ Comprado

○ Prestado por
....

○ Regalo de
....

¿Este libro fue fácil de leer?

○ Si   ○ No

Este libro en 3 palabras:
....
....
....

¿Me inspiró a (leer / aprender / visitar)?
....
....
....

¿A quién se lo recomendaré?
....

○ Bolsillo   ○ Tapa dura   ○ eBook   ○ AudioLibro

Título: _____

Autor: _____

○ Ficción   ○ No Ficción

Tipo.............................   Tema.......................................

Lo que me gustaba de este libro...

_____
_____
_____
_____
_____
_____

Me sorprendió mucho cuando...

_____
_____
_____
_____
_____

Mi personaje favorite era...

_____
_____

Me gusta porque...

_____
_____
_____

Fue divertido/triste/feliz cuando él/ella...

_____
_____
_____
_____

☆ ☆☆☆☆ 50
Colorea las estrellas
para evaluar este libro

Fecha de inicio:

Fecha de finalización:

¿Cómo conseguí este libro?
○ Comprado
○ Prestado por
_____

○ Regalo de
_____

¿Este libro fue fácil de leer?
   ○ Si   ○ No

Este libro en 3 palabras:
_____
_____
_____

¿Me inspiró a (leer / aprender / visitar)?
_____
_____
_____

¿A quién se lo recomendaré?
_____
_____

○ Bolsillo ○ Tapa dura ○ eBook ○ AudioLibro

Título: _____

Autor: _____

○ Ficción ○ No Ficción

Tipo .... Tema ....

Lo que me gustaba de este libro...

....
....
....
....

Me sorprendió mucho cuando...

....
....
....
....

Mi personaje favorite era...

....

Me gusta porque...

....
....
....

Fue divertido/triste/feliz cuando él/ella...

....
....
....

☆☆☆☆☆ 51
Colorea las estrellas
para evaluar este libro

Fecha de inicio:

Fecha de finalización:

¿Cómo conseguí este libro?
○ Comprado
○ Prestado por

○ Regalo de

¿Este libro fue fácil de leer?
○ Si ○ No

Este libro en 3 palabras:

¿Me inspiró a (leer / aprender / visitar)?

¿A quién se lo recomendaré?

○ Bolsillo   ○ Tapa dura   ○ eBook   ○ AudioLibro

Título: _____

Autor: _____

○ Ficción   ○ No Ficción

Tipo ....   Tema ....

Lo que me gustaba de este libro...

_____
_____
_____
_____
_____

Me sorprendió mucho cuando...

_____
_____
_____
_____
_____

Mi personaje favorite era...

_____
_____

Me gusta porque...

_____
_____
_____

Fue divertido/triste/feliz cuando él/ella...

_____
_____
_____

☆☆☆☆☆ **52**
Colorea las estrellas
para evaluar este libro

Fecha de inicio:

Fecha de finalización:

¿Cómo conseguí este libro?
○ Comprado
○ Prestado por

_____

○ Regalo de

_____

¿Este libro fue fácil de leer?
   ○ Si   ○ No

Este libro en 3 palabras:

_____
_____
_____

¿Me inspiró a (leer / aprender / visitar)?

_____
_____
_____

¿A quién se lo recomendaré?

_____
_____

○ Bolsillo   ○ Tapa dura   ○ eBook   ○ AudioLibro

Título: _____

Autor: _____

○ Ficción   ○ No Ficción

Tipo............................   Tema...

Lo que me gustaba de este libro...

....
....
....
....

Me sorprendió mucho cuando...

....
....
....
....

Mi personaje favorite era...

....
....

Me gusta porque...

....
....
....

Fue divertido/triste/feliz cuando él/ella...

....
....
....

☆ ☆ ☆ ☆ ☆ **53**

Colorea las estrellas
para evaluar este libro

Fecha de inicio:

Fecha de finalización:

¿Cómo conseguí este libro?
○ Comprado
○ Prestado por
_____

○ Regalo de
_____

¿Este libro fue fácil de leer?
○ Si   ○ No

Este libro en 3 palabras:
_____
_____
_____

¿Me inspiró a (leer / aprender / visitar)?
_____
_____

¿A quién se lo recomendaré?
_____

○ Bolsillo   ○ Tapa dura   ○ eBook   ○ AudioLibro

Título: _____

Autor: _____

○ Ficción   ○ No Ficción

Tipo........................   Tema.................................

Lo que me gustaba de este libro...

_____

_____

_____

_____

_____

Me sorprendió mucho cuando...

_____

_____

_____

_____

_____

Mi personaje favorite era...

_____

_____

Me gusta porque...

_____

_____

_____

Fue divertido/triste/feliz cuando él/ella...

_____

_____

_____

_____

☆ ☆☆☆☆☆ **54**
Colorea las estrellas
para evaluar este libro

Fecha de inicio:

Fecha de finalización:

¿Cómo conseguí este libro?
○ Comprado
○ Prestado por
_____

○ Regalo de
_____

¿Este libro fue fácil de leer?
   ○ Si   ○ No

Este libro en 3 palabras:
_____

_____

_____

¿Me inspiró a (leer / aprender / visitar)?

_____

_____

_____

¿A quién se lo recomendaré?

_____

_____

○ Bolsillo ○ Tapa dura ○ eBook ○ AudioLibro

Título: _____

Autor: _____

○ Ficción ○ No Ficción

Tipo.............................. Tema...................................

Lo que me gustaba de este libro...

....
....
....
....

Me sorprendió mucho cuando...

....
....
....
....

Mi personaje favorite era...

....
....

Me gusta porque...

....
....
....

Fue divertido/triste/feliz cuando él/ella...

....
....
....
....

☆ ☆ ☆ ☆ ☆ **55**

Colorea las estrellas
para evaluar este libro

Fecha de inicio:

Fecha de finalización:

¿Cómo conseguí este libro?
○ Comprado
○ Prestado por
....

○ Regalo de
....

¿Este libro fue fácil de leer?
○ Si   ○ No

Este libro en 3 palabras:
....
....

¿Me inspiró a (leer / aprender / visitar)?
....
....
....

¿A quién se lo recomendaré?
....

○ Bolsillo   ○ Tapa dura   ○ eBook   ○ AudioLibro

Título: _____

Autor: _____

○ Ficción   ○ No Ficción

Tipo............................   Tema...............................

Lo que me gustaba de este libro...

_____
_____
_____
_____
_____

Me sorprendió mucho cuando...

_____
_____
_____
_____
_____

Mi personaje favorite era...

_____

Me gusta porque...

_____
_____
_____

Fue divertido/triste/feliz cuando él/ella...

_____

☆ ☆☆☆☆ 56
Colorea las estrellas
para evaluar este libro

Fecha de inicio:

Fecha de finalización:

¿Cómo conseguí este libro?
○ Comprado
○ Prestado por
_____

○ Regalo de
_____

¿Este libro fue fácil de leer?
○ Si   ○ No

Este libro en 3 palabras:
_____
_____
_____

¿Me inspiró a (leer / aprender / visitar)?
_____
_____
_____

¿A quién se lo recomendaré?
_____
_____

○ Bolsillo   ○ Tapa dura   ○ eBook   ○ AudioLibro

Título: _____

Autor: _____

○ Ficción   ○ No Ficción

Tipo.............................   Tema..

Lo que me gustaba de este libro...

....
....
....
....

Me sorprendió mucho cuando...

....
....
....
....

Mi personaje favorite era...

....
....

Me gusta porque...

....
....
....

Fue divertido/triste/feliz cuando él/ella...

....
....
....

☆ ☆ ☆ ☆ ☆ **57**

Colorea las estrellas
para evaluar este libro

Fecha de inicio:

Fecha de finalización:

¿Cómo conseguí este libro?
○ Comprado
○ Prestado por

○ Regalo de

¿Este libro fue fácil de leer?
   ○ Si   ○ No

Este libro en 3 palabras:

_____

_____

¿Me inspiró a (leer / aprender / visitar)?

_____

_____

¿A quién se lo recomendaré?

_____

○ Bolsillo ○ Tapa dura ○ eBook ○ AudioLibro

Título: _____

Autor: _____

○ Ficción ○ No Ficción

Tipo.............................. Tema...............................

Lo que me gustaba de este libro...

_____
_____
_____
_____
_____
_____

Me sorprendió mucho cuando...

_____
_____
_____
_____
_____

Mi personaje favorite era...

_____
_____

Me gusta porque...

_____
_____
_____

Fue divertido/triste/feliz cuando él/ella...

_____
_____
_____
_____

☆ ☆ ☆ ☆ ☆ **58**

Colorea las estrellas
para evaluar este libro

Fecha de inicio:

Fecha de finalización:

¿Cómo conseguí este libro?
○ Comprado
○ Prestado por
_____

○ Regalo de
_____

¿Este libro fue fácil de leer?
    ○ Si   ○ No

Este libro en 3 palabras:
_____
_____
_____

¿Me inspiró a (leer / aprender / visitar)?
_____
_____
_____

¿A quién se lo recomendaré?
_____
_____

○ Bolsillo   ○ Tapa dura   ○ eBook   ○ AudioLibro

Título: _____

Autor: _____

○ Ficción   ○ No Ficción

Tipo...........................   Tema...............................

Lo que me gustaba de este libro...

....
....
....
....

Me sorprendió mucho cuando...

....
....
....
....

Mi personaje favorite era...

....

Me gusta porque...

....
....
....

Fue divertido/triste/feliz cuando él/ella...

....
....
....

☆☆☆☆☆ 59
Colorea las estrellas
para evaluar este libro

Fecha de inicio:

Fecha de finalización:

¿Cómo conseguí este libro?
○ Comprado
○ Prestado por

○ Regalo de

¿Este libro fue fácil de leer?
○ Si   ○ No

Este libro en 3 palabras:

¿Me inspiró a (leer / aprender / visitar)?

¿A quién se lo recomendaré?

○ Bolsillo   ○ Tapa dura   ○ eBook   ○ AudioLibro

Título: _____

Autor: _____

○ Ficción   ○ No Ficción

Tipo......................   Tema.................................

Lo que me gustaba de este libro...

_____

_____

_____

_____

_____

Me sorprendió mucho cuando...

_____

_____

_____

_____

_____

Mi personaje favorite era...

_____

_____

Me gusta porque...

_____

_____

_____

Fue divertido/triste/feliz cuando él/ella...

_____

_____

_____

_____

☆ ☆☆☆☆ 60

Colorea las estrellas
para evaluar este libro

Fecha de inicio:

Fecha de finalización:

¿Cómo conseguí este libro?
○ Comprado
○ Prestado por

○ Regalo de

¿Este libro fue fácil de leer?
   ○ Si   ○ No

Este libro en 3 palabras:

¿Me inspiró a (leer / aprender / visitar)?

¿A quién se lo recomendaré?

○ Bolsillo   ○ Tapa dura   ○ eBook   ○ AudioLibro

Título: _____

Autor: _____

○ Ficción   ○ No Ficción

Tipo...........................   Tema.......................................

Lo que me gustaba de este libro...

....

....

....

....

Me sorprendió mucho cuando...

....

....

....

....

Mi personaje favorite era...

....

....

Me gusta porque...

....

....

....

Fue divertido/triste/feliz cuando él/ella...

....

....

....

....

☆ ☆ ☆ ☆ ☆ **61**

Colorea las estrellas
para evaluar este libro

Fecha de inicio:

Fecha de finalización:

¿Cómo conseguí este libro?
○ Comprado
○ Prestado por
_____

○ Regalo de
_____

¿Este libro fue fácil de leer?
   ○ Si   ○ No

Este libro en 3 palabras:
....

....

....

¿Me inspiró a (leer / aprender / visitar)?
....

....

....

¿A quién se lo recomendaré?
....

○ Bolsillo ○ Tapa dura ○ eBook ○ AudioLibro

Título: _____

Autor: _____

○ Ficción ○ No Ficción

Tipo............................. Tema..................................

Lo que me gustaba de este libro...

_____
_____
_____
_____
_____

Me sorprendió mucho cuando...

_____
_____
_____
_____
_____

Mi personaje favorite era...

_____
_____

Me gusta porque...

_____
_____
_____

Fue divertido/triste/feliz cuando él/ella...

_____
_____
_____
_____

☆☆☆☆☆ 62
Colorea las estrellas
para evaluar este libro

Fecha de inicio:

Fecha de finalización:

¿Cómo conseguí este libro?
○ Comprado
○ Prestado por
_____

○ Regalo de
_____

¿Este libro fue fácil de leer?
○ Si ○ No

Este libro en 3 palabras:
_____
_____
_____

¿Me inspiró a (leer / aprender / visitar)?
_____
_____
_____

¿A quién se lo recomendaré?
_____
_____

○ Bolsillo   ○ Tapa dura   ○ eBook   ○ AudioLibro

Título: _____

Autor: _____

○ Ficción   ○ No Ficción

Tipo ....   Tema ....

Lo que me gustaba de este libro...

....
....
....
....

Me sorprendió mucho cuando...

....
....
....
....

Mi personaje favorite era...

....
....

Me gusta porque...

....
....
....

Fue divertido/triste/feliz cuando él/ella...

....
....
....

☆☆☆☆☆ 63

Colorea las estrellas
para evaluar este libro

Fecha de inicio:

Fecha de finalización:

¿Cómo conseguí este libro?
○ Comprado
○ Prestado por
_____

○ Regalo de
_____

¿Este libro fue fácil de leer?
○ Si   ○ No

Este libro en 3 palabras:
_____
_____
_____

¿Me inspiró a (leer / aprender / visitar)?
_____
_____
_____

¿A quién se lo recomendaré?
_____
_____

○ Bolsillo   ○ Tapa dura   ○ eBook   ○ AudioLibro

Título: _____

Autor: _____

○ Ficción   ○ No Ficción

Tipo ....   Tema ....

Lo que me gustaba de este libro...

_____
_____
_____
_____
_____

Me sorprendió mucho cuando...

_____
_____
_____
_____
_____

Mi personaje favorite era...

_____
_____

Me gusta porque...

_____
_____
_____

Fue divertido/triste/feliz cuando él/ella...

_____
_____
_____

☆ ☆☆☆☆☆ 64

Colorea las estrellas
para evaluar este libro

Fecha de inicio:

Fecha de finalización:

¿Cómo conseguí este libro?
○ Comprado
○ Prestado por
_____

○ Regalo de
_____

¿Este libro fue fácil de leer?
    ○ Si   ○ No

Este libro en 3 palabras:
_____
_____
_____

¿Me inspiró a (leer / aprender / visitar)?
_____
_____
_____

¿A quién se lo recomendaré?
_____
_____

○ Bolsillo   ○ Tapa dura   ○ eBook   ○ AudioLibro

Título: _____

Autor: _____

○ Ficción   ○ No Ficción

Tipo.............................   Tema..

Lo que me gustaba de este libro...

....
....
....
....

Me sorprendió mucho cuando...

....
....
....
....

Mi personaje favorite era...

....

Me gusta porque...

....
....
....

Fue divertido/triste/feliz cuando él/ella...

....
....
....

☆☆☆☆☆ **65**
Colorea las estrellas
para evaluar este libro

Fecha de inicio:

Fecha de finalización:

¿Cómo conseguí este libro?
○ Comprado

○ Prestado por
....

○ Regalo de
....

¿Este libro fue fácil de leer?
   ○ Si   ○ No

Este libro en 3 palabras:
....
....
....

¿Me inspiró a (leer / aprender / visitar)?
....
....
....

¿A quién se lo recomendaré?
....

○ Bolsillo   ○ Tapa dura   ○ eBook   ○ AudioLibro

Título: _____

Autor: _____

○ Ficción   ○ No Ficción

Tipo.............................   Tema.....................................

Lo que me gustaba de este libro...

_____
_____
_____
_____
_____

Me sorprendió mucho cuando...

_____
_____
_____
_____
_____

Mi personaje favorite era...

_____
_____

Me gusta porque...

_____
_____
_____

Fue divertido/triste/feliz cuando él/ella...

_____
_____
_____
_____

☆ ☆ ☆ ☆ ☆
Colorea las estrellas 66
para evaluar este libro

Fecha de inicio:

Fecha de finalización:

¿Cómo conseguí este libro?
○ Comprado
○ Prestado por
_____

○ Regalo de
_____

¿Este libro fue fácil de leer?
    ○ Si   ○ No

Este libro en 3 palabras:
_____
_____
_____

¿Me inspiró a (leer / aprender / visitar)?
_____
_____
_____

¿A quién se lo recomendaré?
_____
_____

○ Bolsillo   ○ Tapa dura   ○ eBook   ○ AudioLibro

Título: _____

Autor: _____

○ Ficción   ○ No Ficción

Tipo.............................   Tema...............................

Lo que me gustaba de este libro...

....
....
....
....

Me sorprendió mucho cuando...

....
....
....
....

Mi personaje favorite era...

....
....

Me gusta porque...

....
....
....
....

Fue divertido/triste/feliz cuando él/ella...

....
....
....

☆☆☆☆☆ **67**

Colorea las estrellas
para evaluar este libro

Fecha de inicio:

Fecha de finalización:

¿Cómo conseguí este libro?
○ Comprado
○ Prestado por
....

○ Regalo de
....

¿Este libro fue fácil de leer?
    ○ Si   ○ No

Este libro en 3 palabras:
....
....
....

¿Me inspiró a (leer / aprender / visitar)?
....
....
....

¿A quién se lo recomendaré?
....
....

○ Bolsillo   ○ Tapa dura   ○ eBook   ○ AudioLibro

Título: _____

Autor: _____

○ Ficción   ○ No Ficción

Tipo........................   Tema...............................

Lo que me gustaba de este libro...

_____
_____
_____
_____
_____

Me sorprendió mucho cuando...

_____
_____
_____
_____

Mi personaje favorite era...

_____

Me gusta porque...

_____
_____

Fue divertido/triste/feliz cuando él/ella...

_____
_____
_____

☆ ☆ ☆ ☆ ☆
Colorea las estrellas 68
para evaluar este libro

Fecha de inicio:

Fecha de finalización:

¿Cómo conseguí este libro?
○ Comprado
○ Prestado por
_____

○ Regalo de
_____

¿Este libro fue fácil de leer?
   ○ Si   ○ No

Este libro en 3 palabras:
_____
_____
_____

¿Me inspiró a (leer / aprender / visitar)?
_____
_____
_____

¿A quién se lo recomendaré?
_____
_____

○ Bolsillo   ○ Tapa dura   ○ eBook   ○ AudioLibro

Título: _____

Autor: _____

○ Ficción   ○ No Ficción

Tipo ....   Tema ....

Lo que me gustaba de este libro...

....
....
....
....

Me sorprendió mucho cuando...

....
....
....
....

Mi personaje favorite era...

....
....

Me gusta porque...

....
....
....

Fue divertido/triste/feliz cuando él/ella...

....
....
....

☆ ☆ ☆ ☆ ☆ **69**

Colorea las estrellas
para evaluar este libro

Fecha de inicio:

Fecha de finalización:

¿Cómo conseguí este libro?
○ Comprado
○ Prestado por

○ Regalo de
....

¿Este libro fue fácil de leer?
    ○ Si   ○ No

Este libro en 3 palabras:

....

....

¿Me inspiró a (leer / aprender / visitar)?

....

....

¿A quién se lo recomendaré?

....

○ Bolsillo   ○ Tapa dura   ○ eBook   ○ AudioLibro

Título: _____

Autor: _____

○ Ficción   ○ No Ficción

Tipo ……………………………   Tema ……………………………………

Lo que me gustaba de este libro...

_____
_____
_____
_____
_____

Me sorprendió mucho cuando...

_____
_____
_____
_____
_____

Mi personaje favorite era...

_____
_____

Me gusta porque...

_____
_____
_____
_____

Fue divertido/triste/feliz cuando él/ella...

_____
_____
_____

☆☆☆☆☆ 70
Colorea las estrellas
para evaluar este libro

Fecha de inicio:

Fecha de finalización:

¿Cómo conseguí este libro?
○ Comprado
○ Prestado por
_____

○ Regalo de
_____

¿Este libro fue fácil de leer?
   ○ Si   ○ No

Este libro en 3 palabras:
_____
_____
_____

¿Me inspiró a (leer / aprender / visitar)?
_____
_____
_____

¿A quién se lo recomendaré?
_____
_____

○ Bolsillo   ○ Tapa dura   ○ eBook   ○ AudioLibro

Título: _____

Autor: _____

○ Ficción   ○ No Ficción

Tipo ....   Tema ....

Lo que me gustaba de este libro...

....

....

....

....

Me sorprendió mucho cuando...

....

....

....

....

Mi personaje favorite era...

....

....

Me gusta porque...

....

....

....

Fue divertido/triste/feliz cuando él/ella...

....

....

....

☆☆☆☆☆ **71**
Colorea las estrellas
para evaluar este libro

Fecha de inicio:

Fecha de finalización:

¿Cómo conseguí este libro?
○ Comprado
○ Prestado por

○ Regalo de

¿Este libro fue fácil de leer?
   ○ Si   ○ No

Este libro en 3 palabras:

¿Me inspiró a (leer / aprender / visitar)?

¿A quién se lo recomendaré?

○ Bolsillo   ○ Tapa dura   ○ eBook   ○ AudioLibro

Título: _____

Autor: _____

○ Ficción   ○ No Ficción

Tipo......................................   Tema..

Lo que me gustaba de este libro...

_____
_____
_____
_____
_____

Me sorprendió mucho cuando...

_____
_____
_____
_____
_____

Mi personaje favorite era...

_____
_____

Me gusta porque...

_____
_____
_____

Fue divertido/triste/feliz cuando él/ella...

_____
_____
_____

☆☆☆☆☆ **72**
Colorea las estrellas
para evaluar este libro

Fecha de inicio:

Fecha de finalización:

¿Cómo conseguí este libro?
○ Comprado
○ Prestado por
_____

○ Regalo de
_____

¿Este libro fue fácil de leer?
   ○ Si   ○ No

Este libro en 3 palabras:
_____
_____
_____

¿Me inspiró a (leer / aprender / visitar)?
_____
_____
_____

¿A quién se lo recomendaré?
_____
_____

○ Bolsillo   ○ Tapa dura   ○ eBook   ○ AudioLibro

Título: _____

Autor: _____

○ Ficción   ○ No Ficción

Tipo............................   Tema.....................................

Lo que me gustaba de este libro...

....

....

....

....

Me sorprendió mucho cuando...

....

....

....

....

Mi personaje favorite era...

....

....

Me gusta porque...

....

....

....

Fue divertido/triste/feliz cuando él/ella...

....

....

....

....

☆ ☆ ☆ ☆ ☆ **73**

Colorea las estrellas
para evaluar este libro

Fecha de inicio:

Fecha de finalización:

¿Cómo conseguí este libro?
○ Comprado
○ Prestado por

○ Regalo de

¿Este libro fue fácil de leer?
   ○ Si   ○ No

Este libro en 3 palabras:

¿Me inspiró a (leer / aprender / visitar)?

¿A quién se lo recomendaré?

○ Bolsillo   ○ Tapa dura   ○ eBook   ○ AudioLibro

Título: _____

Autor: _____

○ Ficción   ○ No Ficción

Tipo ....   Tema ....

Lo que me gustaba de este libro...

_____
_____
_____
_____
_____

Me sorprendió mucho cuando...

_____
_____
_____
_____
_____

Mi personaje favorite era...

_____
_____

Me gusta porque...

_____
_____
_____
_____

Fue divertido/triste/feliz cuando él/ella...

_____
_____
_____

☆☆☆☆☆ **74**
Colorea las estrellas
para evaluar este libro

Fecha de inicio:
Fecha de finalización:

¿Cómo conseguí este libro?
○ Comprado
○ Prestado por
....

○ Regalo de
....

¿Este libro fue fácil de leer?
   ○ Si   ○ No

Este libro en 3 palabras:
....
....
....

¿Me inspiró a (leer / aprender / visitar)?
....
....
....

¿A quién se lo recomendaré?
....
....

○ Bolsillo ○ Tapa dura ○ eBook ○ AudioLibro

Título: _____

Autor: _____

○ Ficción   ○ No Ficción

Tipo..............................   Tema...

Lo que me gustaba de este libro...

....
....
....
....

Me sorprendió mucho cuando...

....
....
....
....
....

Mi personaje favorite era...

....
....

Me gusta porque...

....
....
....
....

Fue divertido/triste/feliz cuando él/ella...

....
....
....
....

☆☆☆☆☆ **75**

Colorea las estrellas
para evaluar este libro

Fecha de inicio:

Fecha de finalización:

¿Cómo conseguí este libro?
○ Comprado
○ Prestado por

○ Regalo de

¿Este libro fue fácil de leer?
  ○ Si   ○ No

Este libro en 3 palabras:

¿Me inspiró a (leer / aprender / visitar)?

¿A quién se lo recomendaré?

○ Bolsillo ○ Tapa dura ○ eBook ○ AudioLibro

Título: _____

Autor: _____

○ Ficción ○ No Ficción

Tipo .... Tema ....

Lo que me gustaba de este libro...

_____
_____
_____
_____

Me sorprendió mucho cuando...

_____
_____
_____
_____

Mi personaje favorite era...

_____
_____

Me gusta porque...

_____
_____
_____

Fue divertido/triste/feliz cuando él/ella...

_____
_____
_____

☆☆☆☆☆ **76**

Colorea las estrellas
para evaluar este libro

Fecha de inicio:

Fecha de finalización:

¿Cómo conseguí este libro?
○ Comprado
○ Prestado por
....

○ Regalo de
....

¿Este libro fue fácil de leer?
○ Si ○ No

Este libro en 3 palabras:
....
....
....

¿Me inspiró a (leer / aprender / visitar)?
....
....
....

¿A quién se lo recomendaré?
....
....

○ Bolsillo ○ Tapa dura ○ eBook ○ AudioLibro

Título: _____

Autor: _____

○ Ficción ○ No Ficción

Tipo................................... Tema...

Lo que me gustaba de este libro...

....
....
....
....

Me sorprendió mucho cuando...

....
....
....
....
....

Mi personaje favorite era...

....
....

Me gusta porque...

....
....
....

Fue divertido/triste/feliz cuando él/ella...

....
....
....

☆ ☆ ☆ ☆ ☆ **77**

Colorea las estrellas
para evaluar este libro

Fecha de inicio:

Fecha de finalización:

¿Cómo conseguí este libro?
○ Comprado
○ Prestado por

○ Regalo de

¿Este libro fue fácil de leer?
○ Si ○ No

Este libro en 3 palabras:

¿Me inspiró a (leer / aprender / visitar)?

¿A quién se lo recomendaré?

○ Bolsillo   ○ Tapa dura   ○ eBook   ○ AudioLibro

Título: _____

Autor: _____

○ Ficción   ○ No Ficción

Tipo……………………………   Tema………………………………………

Lo que me gustaba de este libro...

_____
_____
_____
_____
_____

Me sorprendió mucho cuando...

_____
_____
_____
_____
_____

Mi personaje favorite era...

_____
_____

Me gusta porque...

_____
_____
_____

Fue divertido/triste/feliz cuando él/ella...

_____
_____
_____

☆☆☆☆☆ **78**
Colorea las estrellas
para evaluar este libro

Fecha de inicio:

Fecha de finalización:

¿Cómo conseguí este libro?
○ Comprado
○ Prestado por
_____

○ Regalo de
_____

¿Este libro fue fácil de leer?
○ Si   ○ No

Este libro en 3 palabras:
_____
_____
_____

¿Me inspiró a (leer / aprender / visitar)?
_____
_____
_____

¿A quién se lo recomendaré?
_____
_____

○ Bolsillo   ○ Tapa dura   ○ eBook   ○ AudioLibro

Título: _____

Autor: _____

○ Ficción   ○ No Ficción

Tipo........................   Tema.............................

Lo que me gustaba de este libro...

....
....
....
....

Me sorprendió mucho cuando...

....
....
....
....

Mi personaje favorite era...

....
....

Me gusta porque...

....
....
....

Fue divertido/triste/feliz cuando él/ella...

....
....
....

☆☆☆☆☆ **79**

Colorea las estrellas
para evaluar este libro

Fecha de inicio:

Fecha de finalización:

¿Cómo conseguí este libro?
○ Comprado
○ Prestado por

○ Regalo de
....

¿Este libro fue fácil de leer?
   ○ Si   ○ No

Este libro en 3 palabras:
....
....
....

¿Me inspiró a (leer / aprender / visitar)?
....
....
....

¿A quién se lo recomendaré?
....

○ Bolsillo   ○ Tapa dura   ○ eBook   ○ AudioLibro

Título: _____

Autor: _____

○ Ficción   ○ No Ficción

Tipo......................................   Tema...

Lo que me gustaba de este libro...

_____

_____

_____

_____

_____

Me sorprendió mucho cuando...

_____

_____

_____

_____

_____

Mi personaje favorite era...

_____

Me gusta porque...

_____

_____

_____

Fue divertido/triste/feliz cuando él/ella...

_____

_____

_____

_____

☆ ☆☆☆☆ **80**

Colorea las estrellas
para evaluar este libro

Fecha de inicio:

Fecha de finalización:

¿Cómo conseguí este libro?

○ Comprado

○ Prestado por

....

○ Regalo de

....

¿Este libro fue fácil de leer?

○ Si   ○ No

Este libro en 3 palabras:

....

....

....

¿Me inspiró a (leer / aprender / visitar)?

....

....

....

¿A quién se lo recomendaré?

....

....

○ Bolsillo   ○ Tapa dura   ○ eBook   ○ AudioLibro

Título: _____

Autor: _____

○ Ficción   ○ No Ficción

Tipo...........................   Tema.....................................

Lo que me gustaba de este libro...

....
....
....
....

Me sorprendió mucho cuando...

....
....
....
....

Mi personaje favorite era...

....

Me gusta porque...

....
....
....

Fue divertido/triste/feliz cuando él/ella...

....
....
....

☆ ☆ ☆ ☆ ☆ **81**

Colorea las estrellas
para evaluar este libro

Fecha de inicio:

Fecha de finalización:

¿Cómo conseguí este libro?
○ Comprado
○ Prestado por
....

○ Regalo de
....

¿Este libro fue fácil de leer?
   ○ Si   ○ No

Este libro en 3 palabras:
....
....
....

¿Me inspiró a (leer / aprender / visitar)?
....
....

¿A quién se lo recomendaré?
....

○ Bolsillo   ○ Tapa dura   ○ eBook   ○ AudioLibro

Título: _____

Autor: _____

○ Ficción   ○ No Ficción

Tipo............................   Tema..................................

Lo que me gustaba de este libro...

_____

_____

_____

_____

_____

Me sorprendió mucho cuando...

_____

_____

_____

_____

Mi personaje favorite era...

_____

Me gusta porque...

_____

_____

_____

Fue divertido/triste/feliz cuando él/ella...

_____

_____

_____

☆☆☆☆☆ 82

Colorea las estrellas
para evaluar este libro

Fecha de inicio:

Fecha de finalización:

¿Cómo conseguí este libro?
○ Comprado
○ Prestado por

_____

○ Regalo de

_____

¿Este libro fue fácil de leer?
○ Si   ○ No

Este libro en 3 palabras:

_____

_____

_____

¿Me inspiró a (leer / aprender / visitar)?

_____

_____

_____

¿A quién se lo recomendaré?

_____

_____

_____

○ Bolsillo   ○ Tapa dura   ○ eBook   ○ AudioLibro

Título: _____

Autor: _____

○ Ficción   ○ No Ficción

Tipo................................   Tema................................

Lo que me gustaba de este libro...

....
....
....
....

Me sorprendió mucho cuando...

....
....
....
....

Mi personaje favorite era...

....

Me gusta porque...

....
....
....

Fue divertido/triste/feliz cuando él/ella...

....
....
....

☆ ☆ ☆ ☆ ☆ 83

Colorea las estrellas
para evaluar este libro

Fecha de inicio:

Fecha de finalización:

¿Cómo conseguí este libro?
○ Comprado
○ Prestado por

○ Regalo de

....

¿Este libro fue fácil de leer?
   ○ Si   ○ No

Este libro en 3 palabras:

....

....

¿Me inspiró a (leer / aprender / visitar)?

....

....

....

¿A quién se lo recomendaré?

....

....

○ Bolsillo   ○ Tapa dura   ○ eBook   ○ AudioLibro

Título: _____

Autor: _____

○ Ficción   ○ No Ficción

Tipo ....   Tema ....

Lo que me gustaba de este libro...

_____
_____
_____
_____
_____

Me sorprendió mucho cuando...

_____
_____
_____
_____
_____

Mi personaje favorite era...

_____
_____

Me gusta porque...

_____
_____
_____
_____

Fue divertido/triste/feliz cuando él/ella...

_____
_____
_____

☆ ☆ ☆ ☆ ☆ **84**
Colorea las estrellas
para evaluar este libro

Fecha de inicio:

Fecha de finalización:

¿Cómo conseguí este libro?
○ Comprado
○ Prestado por
_____

○ Regalo de
_____

¿Este libro fue fácil de leer?
   ○ Si   ○ No

Este libro en 3 palabras:
_____
_____
_____

¿Me inspiró a (leer / aprender / visitar)?
_____
_____
_____

¿A quién se lo recomendaré?
_____
_____

○ Bolsillo   ○ Tapa dura   ○ eBook   ○ AudioLibro

Título: _____

Autor: _____

○ Ficción   ○ No Ficción

Tipo............................   Tema...

Lo que me gustaba de este libro...

....
....
....
....

Me sorprendió mucho cuando...

....
....
....
....

Mi personaje favorite era...

....

Me gusta porque...

....
....
....

Fue divertido/triste/feliz cuando él/ella...

....
....
....

☆☆☆☆☆ 85

Colorea las estrellas
para evaluar este libro

Fecha de inicio:

Fecha de finalización:

¿Cómo conseguí este libro?
○ Comprado
○ Prestado por

....

○ Regalo de

....

¿Este libro fue fácil de leer?
   ○ Si   ○ No

Este libro en 3 palabras:

....
....
....

¿Me inspiró a (leer / aprender / visitar)?

....
....
....

¿A quién se lo recomendaré?

....
....

○ Bolsillo   ○ Tapa dura   ○ eBook   ○ AudioLibro

Título: _____

Autor: _____

○ Ficción   ○ No Ficción

Tipo ……………………………..   Tema……………………………………..

Lo que me gustaba de este libro...

_____
_____
_____
_____
_____

Me sorprendió mucho cuando...

_____
_____
_____
_____
_____

Mi personaje favorite era...

_____
_____

Me gusta porque...

_____
_____
_____

Fue divertido/triste/feliz cuando él/ella...

_____
_____
_____

☆☆☆☆☆ **86**
Colorea las estrellas
para evaluar este libro

Fecha de inicio:

Fecha de finalización:

¿Cómo conseguí este libro?
○ Comprado
○ Prestado por
……………………………………

○ Regalo de
……………………………………

¿Este libro fue fácil de leer?
   ○ Si   ○ No

Este libro en 3 palabras:
……………………………………
……………………………………
……………………………………

¿Me inspiró a (leer / aprender / visitar)?
……………………………………
……………………………………
……………………………………

¿A quién se lo recomendaré?
……………………………………
……………………………………

○ Bolsillo   ○ Tapa dura   ○ eBook   ○ AudioLibro

Título: _____

Autor: _____

○ Ficción   ○ No Ficción

Tipo......................   Tema...................................

Lo que me gustaba de este libro...

....
....
....
....

Me sorprendió mucho cuando...

....
....
....
....

Mi personaje favorite era...

....
....

Me gusta porque...

....
....
....

Fue divertido/triste/feliz cuando él/ella...

....
....
....
....

☆☆☆☆☆ 87
Colorea las estrellas
para evaluar este libro

Fecha de inicio:

Fecha de finalización:

¿Cómo conseguí este libro?
○ Comprado
○ Prestado por

○ Regalo de
....

¿Este libro fue fácil de leer?
   ○ Si   ○ No

Este libro en 3 palabras:
....
....

¿Me inspiró a (leer / aprender / visitar)?
....
....

¿A quién se lo recomendaré?
....

○ Bolsillo   ○ Tapa dura   ○ eBook   ○ AudioLibro

Título: _____

Autor: _____

○ Ficción   ○ No Ficción

Tipo …………………………   Tema…………………………………………

Lo que me gustaba de este libro...

_____
_____
_____
_____
_____

Me sorprendió mucho cuando...

_____
_____
_____
_____
_____

Mi personaje favorite era...

_____
_____

Me gusta porque...

_____
_____
_____

Fue divertido/triste/feliz cuando él/ella...

_____
_____
_____
_____

☆☆☆☆☆ **88**

Colorea las estrellas
para evaluar este libro

Fecha de inicio:

Fecha de finalización:

¿Cómo conseguí este libro?
○ Comprado
○ Prestado por
_____

○ Regalo de
_____

¿Este libro fue fácil de leer?
○ Si   ○ No

Este libro en 3 palabras:
_____
_____

¿Me inspiró a (leer / aprender / visitar)?
_____
_____
_____

¿A quién se lo recomendaré?
_____
_____

○ Bolsillo ○ Tapa dura ○ eBook ○ AudioLibro

Título: _____

Autor: _____

○ Ficción ○ No Ficción

Tipo........................... Tema...............................

Lo que me gustaba de este libro...

_____

_____

_____

_____

Me sorprendió mucho cuando...

_____

_____

_____

_____

Mi personaje favorite era...

_____

_____

Me gusta porque...

_____

_____

_____

Fue divertido / triste / feliz cuando él/ella...

_____

_____

_____

☆☆☆☆☆ **89**

Colorea las estrellas
para evaluar este libro

Fecha de inicio:

Fecha de finalización:

¿Cómo conseguí este libro?

○ Comprado

○ Prestado por

○ Regalo de

¿Este libro fue fácil de leer?

○ Si   ○ No

Este libro en 3 palabras:

_____

_____

¿Me inspiró a (leer / aprender / visitar)?

_____

_____

_____

¿A quién se lo recomendaré?

_____

○ Bolsillo   ○ Tapa dura   ○ eBook   ○ AudioLibro

Título: _____

Autor: _____

○ Ficción   ○ No Ficción

Tipo......................   Tema...............................

Lo que me gustaba de este libro...

_____
_____
_____
_____
_____

Me sorprendió mucho cuando...

_____
_____
_____
_____
_____

Mi personaje favorite era...

_____
_____

Me gusta porque...

_____
_____
_____
_____

Fue divertido/triste/feliz cuando él/ella...

_____
_____
_____
_____

☆☆☆☆☆ **90**

Colorea las estrellas
para evaluar este libro

Fecha de inicio:

Fecha de finalización:

¿Cómo conseguí este libro?
○ Comprado
○ Prestado por
_____

○ Regalo de
_____

¿Este libro fue fácil de leer?
   ○ Si   ○ No

Este libro en 3 palabras:
_____
_____
_____

¿Me inspiró a (leer / aprender / visitar)?
_____
_____
_____

¿A quién se lo recomendaré?
_____
_____

○ Bolsillo   ○ Tapa dura   ○ eBook   ○ AudioLibro

Título: _____

Autor: _____

○ Ficción   ○ No Ficción

Tipo.............................   Tema..

Lo que me gustaba de este libro...

....

....

....

....

Me sorprendió mucho cuando...

....

....

....

....

....

Mi personaje favorite era...

....

....

Me gusta porque...

....

....

....

Fue divertido/triste/feliz cuando él/ella...

....

....

....

....

☆☆☆☆☆ **91**
Colorea las estrellas
para evaluar este libro

Fecha de inicio:

Fecha de finalización:

¿Cómo conseguí este libro?
○ Comprado

○ Prestado por

○ Regalo de

¿Este libro fue fácil de leer?
  ○ Si   ○ No

Este libro en 3 palabras:

¿Me inspiró a (leer / aprender / visitar)?

¿A quién se lo recomendaré?

○ Bolsillo   ○ Tapa dura   ○ eBook   ○ AudioLibro

Título: _____

Autor: _____

○ Ficción   ○ No Ficción

Tipo ....   Tema ....

Lo que me gustaba de este libro...

_____
_____
_____
_____
_____

Me sorprendió mucho cuando...

_____
_____
_____
_____
_____

Mi personaje favorite era...

_____
_____

Me gusta porque...

_____
_____
_____

Fue divertido/triste/feliz cuando él/ella...

_____
_____
_____

☆☆☆☆☆ **92**

Colorea las estrellas
para evaluar este libro

Fecha de inicio:

Fecha de finalización:

¿Cómo conseguí este libro?
○ Comprado
○ Prestado por
....

○ Regalo de
....

¿Este libro fue fácil de leer?
  ○ Si   ○ No

Este libro en 3 palabras:
....
....
....

¿Me inspiró a (leer / aprender / visitar)?
....
....
....

¿A quién se lo recomendaré?
....
....
....

○ Bolsillo   ○ Tapa dura   ○ eBook   ○ AudioLibro

Título: _____

Autor: _____

○ Ficción   ○ No Ficción

Tipo............................   Tema.................................

Lo que me gustaba de este libro...

....
....
....
....

Me sorprendió mucho cuando...

....
....
....
....

Mi personaje favorite era...

....

Me gusta porque...

....
....
....

Fue divertido/triste/feliz cuando él/ella...

....
....
....

☆ ☆ ☆ ☆ ☆ **93**

Colorea las estrellas
para evaluar este libro

Fecha de inicio:

Fecha de finalización:

¿Cómo conseguí este libro?

○ Comprado

○ Prestado por

○ Regalo de

....

¿Este libro fue fácil de leer?

   ○ Si   ○ No

Este libro en 3 palabras:

....
....
....

¿Me inspiró a (leer / aprender / visitar)?

....
....

¿A quién se lo recomendaré?

....

○ Bolsillo   ○ Tapa dura   ○ eBook   ○ AudioLibro

Título: _____

Autor: _____

○ Ficción   ○ No Ficción

Tipo ....   Tema ....

Lo que me gustaba de este libro...

_____
_____
_____
_____
_____
_____

Me sorprendió mucho cuando...

_____
_____
_____
_____
_____
_____

Mi personaje favorite era...

_____
_____

Me gusta porque...

_____
_____
_____

Fue divertido/triste/feliz cuando él/ella...

_____
_____
_____
_____

☆☆☆☆☆ **94**
Colorea las estrellas
para evaluar este libro

Fecha de inicio:

Fecha de finalización:

¿Cómo conseguí este libro?
○ Comprado
○ Prestado por

....

○ Regalo de

....

¿Este libro fue fácil de leer?
    ○ Si   ○ No

Este libro en 3 palabras:

....
....
....

¿Me inspiró a (leer / aprender / visitar)?

....
....
....

¿A quién se lo recomendaré?

....
....

○ Bolsillo   ○ Tapa dura   ○ eBook   ○ AudioLibro

Título: _____

Autor: _____

○ Ficción   ○ No Ficción

Tipo........................   Tema.............................

Lo que me gustaba de este libro...

....
....
....
....

Me sorprendió mucho cuando...

....
....
....
....
....

Mi personaje favorite era...

....

Me gusta porque...

....
....
....

Fue divertido/triste/feliz cuando él/ella...

....
....
....
....

☆☆☆☆☆ 95
Colorea las estrellas
para evaluar este libro

Fecha de inicio:
Fecha de finalización:

¿Cómo conseguí este libro?
○ Comprado
○ Prestado por
....

○ Regalo de
....

¿Este libro fue fácil de leer?
   ○ Si   ○ No

Este libro en 3 palabras:

....
....
....

¿Me inspiró a (leer / aprender / visitar)?

....
....
....

¿A quién se lo recomendaré?

....
....

○ Bolsillo   ○ Tapa dura   ○ eBook   ○ AudioLibro

Título: _____

Autor: _____

○ Ficción   ○ No Ficción

Tipo ....   Tema ....

Lo que me gustaba de este libro...

_____

_____

_____

_____

_____

Me sorprendió mucho cuando...

_____

_____

_____

_____

_____

Mi personaje favorite era...

_____

Me gusta porque...

_____

_____

_____

Fue divertido/triste/feliz cuando él/ella...

_____

_____

_____

☆ ☆ ☆ ☆ ☆ **96**

Colorea las estrellas
para evaluar este libro

Fecha de inicio:

Fecha de finalización:

¿Cómo conseguí este libro?
○ Comprado
○ Prestado por

○ Regalo de

¿Este libro fue fácil de leer?
○ Si   ○ No

Este libro en 3 palabras:

¿Me inspiró a (leer / aprender / visitar)?

¿A quién se lo recomendaré?

○ Bolsillo   ○ Tapa dura   ○ eBook   ○ AudioLibro

Título: _____

Autor: _____

○ Ficción   ○ No Ficción

Tipo ....   Tema ....

Lo que me gustaba de este libro...

_____
_____
_____
_____

Me sorprendió mucho cuando...

_____
_____
_____
_____
_____

Mi personaje favorite era...

_____
_____

Me gusta porque...

_____
_____
_____

Fue divertido/triste/feliz cuando él/ella...

_____
_____
_____

☆☆☆☆☆ **97**
Colorea las estrellas
para evaluar este libro

Fecha de inicio:

Fecha de finalización:

¿Cómo conseguí este libro?
○ Comprado
○ Prestado por
_____

○ Regalo de
_____

¿Este libro fue fácil de leer?
  ○ Si   ○ No

Este libro en 3 palabras:
_____
_____
_____

¿Me inspiró a (leer / aprender / visitar)?
_____
_____
_____

¿A quién se lo recomendaré?
_____

○ Bolsillo   ○ Tapa dura   ○ eBook   ○ AudioLibro

Título: _____

Autor: _____

○ Ficción   ○ No Ficción

Tipo ....   Tema ....

Lo que me gustaba de este libro...

_____
_____
_____
_____
_____
_____

Me sorprendió mucho cuando...

_____
_____
_____
_____
_____
_____

Mi personaje favorite era...

_____
_____

Me gusta porque...

_____
_____
_____

Fue divertido/triste/feliz cuando él/ella...

_____
_____
_____

☆ ☆☆☆☆☆ **98**

Colorea las estrellas
para evaluar este libro

Fecha de inicio:

Fecha de finalización:

¿Cómo conseguí este libro?
○ Comprado
○ Prestado por
_____

○ Regalo de
_____

¿Este libro fue fácil de leer?
  ○ Si   ○ No

Este libro en 3 palabras:
_____
_____
_____

¿Me inspiró a (leer / aprender / visitar)?
_____
_____
_____

¿A quién se lo recomendaré?
_____
_____

○ Bolsillo   ○ Tapa dura   ○ eBook   ○ AudioLibro

Título: _____

Autor: _____

○ Ficción   ○ No Ficción

Tipo............................   Tema............................

Lo que me gustaba de este libro...

....

....

....

....

Me sorprendió mucho cuando...

....

....

....

....

Mi personaje favorite era...

....

....

Me gusta porque...

....

....

....

Fue divertido / triste / feliz cuando él/ella...

....

....

....

....

☆ ☆ ☆ ☆ ☆ **99**

Colorea las estrellas
para evaluar este libro

Fecha de inicio:

Fecha de finalización:

¿Cómo conseguí este libro?
○ Comprado
○ Prestado por

○ Regalo de

¿Este libro fue fácil de leer?
  ○ Si   ○ No

Este libro en 3 palabras:

¿Me inspiró a (leer / aprender / visitar)?

¿A quién se lo recomendaré?

○ Bolsillo   ○ Tapa dura   ○ eBook   ○ AudioLibro

Título: _____

Autor: _____

○ Ficción   ○ No Ficción

Tipo ....   Tema ....

Lo que me gustaba de este libro...

_____
_____
_____
_____
_____

Me sorprendió mucho cuando...

_____
_____
_____
_____

Mi personaje favorite era...

_____

Me gusta porque...

_____
_____

Fue divertido/triste/feliz cuando él/ella...

_____
_____
_____

☆ ☆ ☆ ☆ ☆ 100
Colorea las estrellas
para evaluar este libro

Fecha de inicio:

Fecha de finalización:

¿Cómo conseguí este libro?
○ Comprado
○ Prestado por
_____

○ Regalo de
_____

¿Este libro fue fácil de leer?
   ○ Si   ○ No

Este libro en 3 palabras:
_____
_____
_____

¿Me inspiró a (leer / aprender / visitar)?
_____
_____
_____

¿A quién se lo recomendaré?
_____
_____

Made in the USA
Las Vegas, NV
15 November 2023